Baroque Architecture
바로크 건축

GEKITEKINA Kukan
by YUZAWA Masanobu
Copyright ⓒ 1989 by YUZAWA Masanobu
All right reserved.
Korean translation rights ⓒ 2005 Renaissance Publishing Co.
Original Japanese edition published by Maruzen Co., Ltd.
Korean translation rights arranged with Maruzen Co., Ltd.
through Bestun Korea Agency.

이 도서의 국립중앙도서관 출판시도서목록(CIP)은
e-CIP 홈페이지(http://www.nl.go.kr/cip.php)에서 이용하실 수 있습니다.
(CIP제어번호: CIP2005001463)

Baroque Architecture

바로크 건축

― 무한을 향한 건축적 드라마 ―

유자와 마사노부 지음 | 류상보 옮김 | 우영선 감수

르네상스

일러두기

1. 외래어 표기는 한글맞춤법 외래어표기법을 따랐으며, 브리태니커 백과사전을 참고하였다.
2. 생소한 인명, 지명이 나올 때는 처음 한 번만 원어를 병기하였다.
3. 인명 옆에 표기된 연도는 생몰년, 건물명 옆에 표기된 연도는 설계 연도다.
4. 지은이의 주는 본문에서 괄호에 넣어 처리하였다.
5. 옮긴이의 주는 * 표시와 함께 해당 지면 아래쪽에 각주를 달았다.

Baroque
Architecture | 차례

베르나르도 비토네, 산타 키아라, 1742년, 브라

황홀경의 바로크

로마의 트라스테베레 지구, 관광객들도 찾지 않는 작은 교회 산 프란체스코 아 리파San Francesco a Ripa에 가난한 사람들을 위해 헌신한 덕행으로 복녀福女의 칭호를 받은 루도비카 알베르토니Beata Ludovica Albertoni의 조각상이 있다. 죽음에 대한 고통의 인간적 번민일까? 신과 합일하는 순간의 신비스러운 기쁨일까? 루도비카는 관능적일 정도로 가슴에 손을 얹고, 더없이 행복한 표정을 띤 채 누워 있다. 부드러운 빛이 교회의 어두운 익랑부 깊숙한 곳에 드리워져서, 그 깊숙한 곳에서만 환상적으로 희고 희미한 빛을 발하고 있다. 단순하면서도 감동적인 이 빛은 그녀가 도달한 법열의 순간을 포착하여 깊게 새겨진 옷 주름의 음영 속으로 스며든다.

조각가이자 건축가인 잔 로렌초 베르니니*가 설계한 알베르토니 성당은 이 경이적인 조각을 중심으로 모든 공간을 심오한 종교적 표현으로 구성한 바로크 건축의 걸작으로 평가된다. 사람으로 하여금 응시하지 않을 수 없게 만드는 이 멋진 조형에서는 전체를 통합적으로 느끼도록 유도하는 공간적

---

* Gian Lorenzo Bernini(1598~1680년). 건축가이며 조각가, 교황 우르바누스 8세(재위 1623~1644년)에 등용되어 성 베드로 대성당의 주임건축가가 되었으며, 모두 6대의 교황에게 봉직하여 많은 건축과 조각, 분수, 광장, 다리 등을 설계하며 로마 그 자체를 자신의 작품으로 장식했다.

효과(회화성), 빛이 자아내는 환상, 연극적 다이너미즘과 같은 바로크의 여러 특성이 유감없이 발휘되고 있다.

바로크 건축은 16세기 말 로마에서 성립하였다. 15세기 말에서 16세기 초에 걸쳐 절정에 달하였던 조화로운 르네상스 건축도 16세기 전반에는 매너리즘의 불안정하고, 어느 정도 실험적인 형태를 취하게 된다. 이 매너리즘 시기에 바로크 건축의 기본적인 어휘가 대부분 대두되었지만, 이 어휘들은 단순히 기법적 차원의 단편적인 시도에 머물러 있었다고 한다. 머지않아 반종교개혁, 가톨릭 사회의 부흥 같은 뜨거운 정열이 소용돌이쳤던 16세기 후반에 접어들어 예술·사회·문화 전반에 걸쳐 새로운 시스템을 구축하는 움직임이 나타나기 시작했다. 이러한 새물결은 로마가 중심지로 부흥됨으로써, 즉 바로크 도시로서 로마가 생성됨으로써, 구체적인 도시적 차원에서 처음으로 현실화되었다. 더욱이, 17세기에 접어들어 중앙집권적인 근대국가 체제를 갖춘 절대왕정과 강력해진 교황권이 결탁하면서 바로크는 그야말로 절

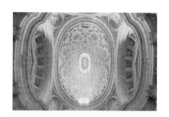

정기를 맞는다. 그리고 18세기 전반에 토리노를 중심으로 한 북부 피에몬테 지방으로 무대를 옮겨 마지막 빛을 발하고, 막을 내린다. 이러한 바로크의 사멸은 동시에 이탈리아가 가진 예술·문화의 중심지로서의 위상이 끝남을 고하는 것이기도 했다.

르네상스가 정적인 기하학과 음악적인 조화와 비례에 바탕을 두고 질서잡힌 닫힌 세계를 이상으로 한데 반해, 바로크는 개방적이면서 다이너믹한 기하학을 창출하였다. 이것은 오늘날까지 이어져오고 있는 새로운 감각의 탄생이었다. 르네상스는 세계관적인 차원에서 고대 및 중세의 영향을 받고 있었지만, 근대 세계는 오히려 바로크에서 비롯되었다고 할 수 있다. 예컨대, 코페르니쿠스의 우주관이 바로크적인 세계관이라고 할 수 있다. 과학은 인간의 정신을 해방하고, 우주는 조화롭게 닫혀진 세계라는 인식에서 벗어나, 무한을 향해 열려간다. 이 무한의 발견은 전혀 새로운 공간 지각의 획득이었다.

그것은 루도비카의 법열과도 필적할 수 있을 만한 쾌락의 수준으로 승화된 감각이었다. 끊임없이 주제를 변용시키면서 이어지는 바로크 음악처럼 바로크 건축에서 몇 겹으로 펼쳐지는 무한변용공간은 우리를 영속적인 행복감으로 이끈다. 피에몬테 지방의 작은 마을에 쥐 죽은 듯이 서 있는 베르나르도 비토네Bernardo Antonio Vittone의 산타 키아라Santa Chiara 돔은 어떻게 르네상스의 완결된 반구형의 돔과 그렇게 다를 수 있었을까? 그것은 완전하기를 거부하고, 가장 간결한 가구의 조건을 충족시키며 나온 결과일 뿐이다. 빛은 이르는 곳마다 열려진 창으로 비쳐 여러 층의 공간적 이미지를 창출한다. 때마침 미사가 시작되어 "산타 키아라, 산타 키아라"라고 낮게 몇 번이고 메아리쳐 울려오는 사제의 목소리와 함께 공간의 다이너믹한 율동은 우리의 의식을 무한無限으로 이끌어내어 도취하게 만든다.

조각·건축·도시가 일체화된 네트워크 시스템이 됨으로써, 이 새로운 지각은 일찍이 유례가 없을 정도로 엄청난 위력으로 강렬하게 퍼져 나갈 수 있

었다. 웅장하고 화려한 가로망과 기념비적 건물들로 이루어진 장대한 바로크 도시가 건설됨으로써 수도라는 점을 사람들에게 강하게 각인시킨다. 그곳은 이들에게 삶의 쾌락으로 넘치는 곳이 되었다. 다시 말해 폰타나, '샘'으로 불리는 로마 분수군의 대부분은 이 바로크 시대에 정비되었으며, 영원한 도시의 일상적 즐거움을 연출하고, 광장에 흥분 어린 축제의 분위기를 안겨 준다.

건축이 종합예술로서 존재하고, 도시 공간마다 독특한 감각을 제시하며, 도시가 쾌락 그 자체가 되는…… 이 바로크 시대는 현대의 우리에게 비교 가능한 여러 특징을 그리고 무엇보다도 건축과 도시를 즐기는 방법을 제시해 준다.

Baroque
Architecture

1

바로크 도시

− 끝없이 펼쳐지는 쾌락 −

프란체스코 데 상크티스, 스페인 계단, 1723~1726년, 로마

성도聖都 로마의 계획

스페인 계단이 물결치듯 완만히 내려오는 스페인 광장Piazza di Spagna, 화려한 베네토 거리가 시작되는 바르베리니 광장Piazza Barberini……. 로마 광장의 대부분은 기복이 많고, 평면도 고르지 못하기 때문에 뜻밖의 장면이 전개된다. 광장의 잔상들은 기억 속에 극채색極彩色으로 펼쳐짐과 동시에 연속됨으로써, 영원한 도시―로마를 창조한다. 갖가지 장면과 시퀀스로 짜여진 기억 속의 로마는 기념비적 건물들과 가로가 자아내는 현실적인 로마의 도시 구조 그 자체이기도 하다.

최초의 바로크 도시 로마가 형성된 계기는 식스투스Sixtus 5세가 1585년에 교황으로 즉위한 후 곧바로 로마의 도시 개조를 건축가 도메니코 폰타나Domenico Fontana에게 명함으로써 비롯되었다. 산타 마리아 마조레, 산 로렌초 푸오리 레 무라, 산타 크로체 인 제루살렘메, 산 조반니 인 라테라노와 같은 가톨릭 교회와, 콜로세움을 포함한 고대 로마의 기념비적 건물들이 도시 안에 산재하는 거룩한 장소는 일곱 언덕의 기복에도 아랑곳없이 곧게 뻗은 가로를 통해 서로 연결된다.

그 후 1년 뒤에는 교황의 이름을 딴 펠리체 거리가 산타 마리아 마조레와 핀티오 언덕의 트리니타 데이 몬티를 잇게 된다. 주요한 성당이 거의 로마 주변에 자리 잡고 있었기 때문에 이러한 가로는 당연히 로마의 거주 지구를 확대시켰고, 이는 도시 발전의 기초가 되었다. 그때까지 닫혀 있던 중세도시 로마가 개방적인 세계 도시인 수도 로마로 극적인 전환을 맞을 수 있도록 계획되었다.

바로크 도시는 규칙적으로 곧게 뻗은 가로를 통해 상호 연결된 많은 기념비적인 도시 초점들로 이루어진 구조로 되어 있다. 직선 가로는 활기차게 약동하면서 끝없이 뻗어나간다. 이 수평적인 운동에 대응하여 기념비적 초점

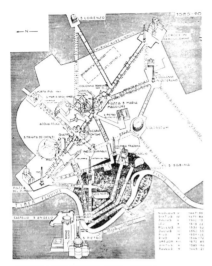

식스투스 5세의 로마계획, 1585~1590년

들은 광장 가운데 솟아 도시 공간 속에서 수직 축으로서의 조절 기능을 담당한다. 이 기념비들은 고대 로마유적에서 가져온 이집트의 오벨리스크, 상부에 성인을 올린 고대로마의 기념주, 그리고 가톨릭의 상징인 교회의 높이 솟은 돔이다. 이 거룩한 기념비들의 이색적인 잠재력이 광장의 매력을 결정한다. 결과적으로 가로와 기념비적 건조물들은 갖가지 변주곡을 연주하면서 황홀경의 바로크 도시 로마라는 웅장한 교향곡을 완성해낸다.

포폴로 광장 Piazza del Popolo

북으로 성도 로마로 통하는 길은 프라미니아 거리에서 시작되어 동쪽의 파리올리 언덕·핀티오 언덕과 서쪽의 테베레 강 사이의 길고 좁은 지역을 지나간다.

이 포폴로 문은 전에는 단순한 세 가로의 기점이었다. 1589년에 식스투스

포폴로 광장, 조반니 바티스타 피라네시의 〈로마 풍경 Vedute di Roma〉에서

5세가 오벨리스크를 놓음으로써 방사선 구조가 명확해지고 바로크 특유의 다이너믹한 도시 공간이 되었다. 그리고 1622년 이후 카를로 라이날디Carlo Rainaldi가 세운 쌍둥이 교회는 세 가로 중 한가운데인 코르소 거리로 통하는 기념비적인 입구가 된다.

이 쌍둥이 교회는 완전한 대칭을 이루고 있지는 않다. 동쪽의 부지 폭이 좁은 측에 위치한 산타 마리아 디 몬테산토Santa Maria di Montosanto 교회는 타원형 평면으로 이루어짐으로서 서측의 원형교회인 산타 마리아 데이 미라콜리Santa Maria dei Miracoli와 매스적인 균형이 잡히도록 되어 있다.

그 뒤 19세기 초 주세페 발라디에Giuseppe Valadier가 광장 양단에 엑세드라(반원형)를 만들면서 광장에 동서 축이 생겼고, 공간의 방향성이 산만해져서 (예를 들어, 피라네시Giovanni Battista Piranesi의 판화에 표현되어 있는 것과 같이) 다이너믹하게 흐르는 운동감을 잃고 말았다.

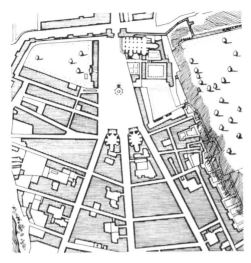

포폴로 광장, 잔바티스타 놀리의 로마 지도에서

나보나 광장 Piazza Navona

고대 로마의 도미티아누스 황제의 원형경기장에서 비롯된 이 가늘고 길며 특이한 광장은 다른 바로크 광장과 달리 가로 체계와 독립되어 존재한다. 네 변에 위치한 각 건물들은 모두 동일하게 평범한 스케일로 되어 있고, 연속되는 면을 이루며 이 광장을 에워싼다.

15세기 후반 시장이 이곳으로 옮겨지면서부터 로마의 서민적인 도시 생활의 중심이 되었으며, 교황 인노켄티우스 10세(1644~1650년)가 자신의 팔라초가 있는 이 광장을 로마에서 가장 장대하고 화려한 곳으로 만들기 위해 정비하기 시작했다. 중앙에 있는 산 아그네제 인 아고네Sant´ Agnese in Agone도 재개발이 계획되었다. 카를로 라이날디가 건설하기 시작한 이 교회는 그 뒤 프란체스코 보로미니가 맡게 되었고, 다시 라이날디에게 넘어갔다. 기본적으로 보로미니의 계획안을 따른 파사드에서는 좌우의 탑 사이에 낀 중앙

포폴로 광장, 로마   왼쪽 : C. 라이날디 · 베르니니 · C. 폰타나, 산타 마리아 디 몬테산토, 1662~1675년
오른쪽 : C. 라이날디 · C. 폰타나, 산타 마리아 디 미라콜리, 1675~1679년

나보나 광장, 로마, 중앙이 산 아그네제, 그 오른쪽에 오벨리스크를 안은 베르니니의 '4대 강의 분수'

피에트로 다 코르토나, 산타 마리아 델라 파체, 1656~1657년, 로마

부분이 안쪽으로 밀려들어감으로써 광장의 힘을 받아들이고, 그 위에 높은 돔이 우뚝 세워졌다.

이 음각과 양각의 대비적인 구성으로 인해 광장과 건물은 적극적으로 관련을 맺게 되고 바로크 특유의 매스와 공간 사이의 상호작용이 이루어지고 있다. 그리고 바로 앞에는 로렌초 베르니니가 만든 '4대 강의 분수'가 있고, 그 무대미술적인 표현은 성당의 파사드와 함께 이 가늘고 긴 통일된 광장에 바로크적인 생동감을 수고 있다.

산타 마리아 델라 파체 광장 Piazza di Santa Maria della Pace

좁은 삼거리에 세워진 교회에 접근하기 쉽도록 새로운 파사드와 작은 전면 광장(주변의 건물을 헐고 만든)이 계획되었다.

피에트로 다 코르토나(Pietro da Cortona, 1596~1669년)가 세운 이 계획에

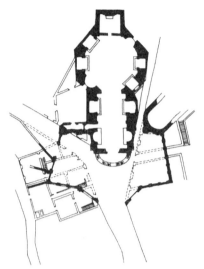

피에트로 코르토나, 산타 마리아 델라 파체, 1656~1657년, 로마

따라 소규모이면서도 놀라운 바로크 공간이 만들어지게 된다. 파사드가 대담하게도 광장 한 가운데로 튀어나옴으로써, 교회와 광장은 통합되면서 하나의 다이너믹한 극장 공간으로 바뀐다. 루돌프 비트코버 Rudolf Wittkower 가 지적한 것처럼 교회는 무대로, 광장은 객석으로, 그리고 네 변에 위치한 건물은 박스석이 된다. 위층의 자유로운 벽면은 안쪽으로 휘어지고, 이곳에서부터 튀어나온 교회 파사드는 볼록하게 물결치며, 위부분의 삼각형 페디먼트는 그 안에 끼워진 원호형 페디먼트로 인해 깨트러짐으로써, 강한 상승감이 만들어지고, 맨 아랫부분에는 도리아식 원기둥으로 이루어진 간소하면서 힘차게 돌출된 포티코*가 있다.

이 광장으로 한 발자국 내디디면 우리는 마치 극장과 같은 내부 공간으로

---

* portico. 그리스 신전 건축의 주요 특징으로 콜로네이드(열주랑)가 있는 현관, 또는 기둥으로 받친 지붕 덮인 보도.

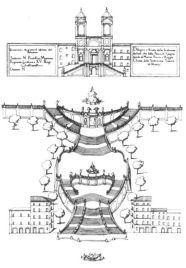

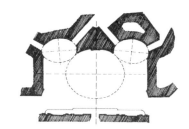

프란체스코 데 상크티스, 스페인 계단,
1723~1726년, 로마

필리포 라구치니, 산 이그나치오 광장,
1727~1728년, 로마

들어가 연극이라도 보고 있는 듯한 그 화려한 광경spectacle 속으로 이끌려
들어가게 된다. 말하자면 바로크 로마의 광장은 모두 극장과 같은 인상적인
모습을 지니고 있다.

후기 바로크 로마의 도시 공간

18세기 로마는 건축적 측면에서는 지난 세기의 고유성을 상실하지만, 도시
공간에 있어서는 추상적이고 체계적인 바로크의 모습에서 벗어나 스페인 계
단과 트레비 분수 등, 도시의 즐거움을 감각적인 수준에서 만족시켜 주는 것
들을 많이 만들어 냈다. 스페인 계단은 식스투스 5세의 로마 재건 계획의 연
장선에 있으며 평행하지만 높이가 다른 펠리체 거리와 포폴로 광장으로 향
하는 바부이노 거리Via del Babuino와 이어진다. 이 계단은 축을 이루는 단순
한 통로가 아니라, 아래쪽 스페인 광장에서 서서히 물결치면서 위쪽의 트리

토리노, 카를로 펠리체 광장에서 바라본 로마 거리

니타 데이 몬티로 올라가는 멋진 공간적 계단이며, 세계에서 가장 매력적인 원근법적 도시 디자인의 하나로 손꼽힌다. 계단 밑에는 베르니니의 즐거운 '바르차카의 분수'가 있어 관광객들에게 볼 만한 휴식 장소가 되고 있다.

이렇게 감각에 호소하는 특징은 규모가 더 작은 산 이그나치오 광장Piazza di San Ignazio에서도 나타나고 있다. 필리포 라구치니Filippo Raguzzini는 이 광장을 계획하면서 크고 작은 세 개의 타원이 공간적 단위를 이루며 상호작용함으로써 연속적으로 물결치는 운동감을 자아내려고 했다. 그러나 이 운동도 역동적이라기보다 광장에서 일어나는 드라마의 배경처럼 처리되어, 좀 더 가벼운 감각적 느낌을 준다.

건축은 도시라는 매력적인 드라마가 연출되는 무대 장치의 역할도 함으로써 관객인 우리들의 시선을 끈다.

토리노, 로마 거리, 제일 안쪽이 카스텔로 광장

절대왕정의 바로크 수도, 토리노

여름이 한창인 토리노에서 아직 날이 밝지 않은 신선한 일요일 아침에 누오바 광장Piazza Nuova 역에 면한 호텔을 나와 차로 성지 수페르가Superga 언덕으로 출발한다. 카를로 펠리체 광장에서 로마 거리를 통해 산 카를로 광장을 지나 일직선으로 북상한다. 카스텔로 광장Piazza Castello에서 오른쪽으로 돌아 포 거리Via Po를 마찬가지로 곧장 지나 비토리오 베네토 광장Piazza Vittorio Veneto으로 향한다. 어제까지 인도로 걸어 답사했는데 차도로 달리다가 불현듯 바로크의 가로를 이해하게 되었다. 일직선으로 무한하게 뻗은 가로의 양 편으로 건물의 지붕들이 줄지어 있어 통일감이 뛰어난 도시 디자인을 보여 준다. 이미 한낮의 무더움을 겪었던 내게 차창으로 들어오는 맑고 찬 공기가 기분을 한결 포근하게 해준 탓일까? 질주를 통해 내 감각들이 한꺼번에 열려 기쁨마저도 느껴진다. 차로 달리면서 내는 그 적당한 스피드 때문

토리노, 포 거리

토리노, 비토리오 베네토 광장, 중앙은 포 거리

에, 단조롭기조차 한 규칙적인 파사드가 변모하여 일직선으로 무한한 율동
을 자아내며 쾌감을 전해 준다. 현존하는 17세기의 가장 멋진 가로로 일컬어
지는 포 거리를 마차 위에서 처음 경험했을 당시 사람들의 놀라움과 기쁨은
어느 정도였을까?

　페데리코 펠리니의 영화 〈로마〉에 오토바이로 로마의 밤거리를 달리는 감
동적인 장면이 있다. 로마는 기복이 많아서 소음을 내며 오토바이가 줄기차
게 커브를 돌때마다 광경은 극적으로 변한다. 그리고 그곳에 조명이 비춰지
며 특이한 모양을 한 성당이 떠오른다. 로마에서는 가로 그 자체보다 오벨리
스크와 성당의 돔과 같은 기념비적 건조물들이 오토바이로 질주하며 느끼는
쾌감의 목표가 된다. 거룩한 시끄러움, 여기저기서 동시다발적으로 진행되
는 도시 공간의 드라마……. 성도 로마가 끊임없이 발산하는 매력은 우리가
알고 있는 이탈리아에 대한 이미지의 태반을 차지할 것이다. 그러나 이탈리

아에는 쾌감에 넘치는 또 하나의 바로크 도시가 있었던 것이다. 로마가 가톨릭·기독교 세계의 수도라면 북부 피에몬테 지방의 토리노는 17·18세기의 절대왕정이 만들어 낸 세속적인 바로크 도시다. 로마가 거룩하기 때문에 의외로 너무나도 외잡猥雜*스럽고, 조각적이며, 표현적인데 비해 이곳 토리노에는 유일하게 절대군주가 탁월한 안목을 가졌기 때문에, 균형 있고, 연속적이며, 더 체계적인 공간이 만들어졌다.

16세기 말 토리노는 프랑스 남동부 사보이 지방과 이탈리아 북서부 피에몬테 지방을 지배하는 사보이 왕국의 수도가 되었다. 당시 샤를 엠마뉴엘 1세(Charles Emmanuel I, 1562~1630년)는 고대 로마 도시를 재생해 보려는 야심어린 계획을 남겼다. 그 때문에 빛나는 과거의 영광을 지닌 작은 도시 토리노를 바로크 수도로 일시에 변화시킨다. 이후 18세기 초반에 걸쳐서 토리노는 고대 로마 도시의 동쪽 끝에 위치한 성채(카스텔로)를 중심에 두고 처음에는 남쪽으로 다음에 동쪽으로 그리고 끝으로 서쪽으로 그 직교좌표를 넓혀 갔다. 때마침 피에몬테 지방은 반종교개혁의 영향을 받고 있었고, 특이 사보이 왕가가 보유하고 있던 성의(토리노의 수의, 십자가에서 내려진 후 그리스도에게 입혀졌다고 전해지는 옷)는 그리스도 몸의 형체가 사진처럼 각인되어 있는 것이었기 때문에 민간신앙의 차원에서 종교적 열정을 불러일으켰다.

세속적 절대왕정과 반종교개혁이라는 두 가지 강한 힘이 식스투스 5세의 로마 계획과는 다른 성격을 토리노의 바로크 도시 공간에 부여해 주었다.

토리노 시의 특징 중 하나는 광장에서부터 도로까지 철저하게 균질한 벽으로 에워싸여진 점이다. 이와 동일한 특징은 마찬가지로 세속적 절대왕정 국가였던 프랑스의 파리에서도 전형적으로 나타난다. 예를 들어 파리의 방

---

* 사전적으로 '음탕하고 난잡함, 추잡, 뒤섞여 난잡함'이라는 뜻으로 해석 가능하다.

토리노, 산 카를로 광장, 남쪽

왼쪽: 유바라, 산타 크리스티나, 1715~1728년
오른쪽: 산 카를로

토리노, 산 카를로 광장, 북쪽

토리노, 가리바르디 거리, 제일 안쪽에 카스텔로 광장에 세운 유바라의 팔라초 마다마가 보인다.

돔 광장은 로마의 광장과는 달리 단순한 기하학적 평면을 이루며, 주변의 네 면은 똑같은 벽면으로 에워싸여 있다. 이 광장들은 넓은 직선 가로로 연결되어 원심적으로 뻗어 나간다. 토리노의 로마 거리를 도중에서 분리하는 산 카를로 광장도 1층에 아케이드가 있는 3층 건물의 균형 잡힌 벽면으로 에워싸인 장방형 평면의 광장이고, 중앙에 기마상도 있어 파리의 광장과 유사하다. 그러나 남쪽을 보면 어느 정도 다른 모습을 나타낸다. 마치 로마의 포폴로 광장을 방불케 하는 듯한 쌍둥이 교회 산타 크리스티나Santa Cristina(왼쪽)와 산 카를로가 광장의 문 역할을 하고 있다. 파리와 달리 거룩한 상징성이 광장에 짙게 깔려 있다. 그러나 로마처럼 중앙에 기념비적 건조물이 있는 광장은 없다. 그곳에 어울리지 않는 기마상이 서 있을 뿐이다. 이 특징은 도시 전체를 통해서도 발견되며, 가로 곳곳에 세워진 구아리니, 유바라, 비토네 등의 성당 건물 때문에 토리노를 뒤덮은 무표정한 직교좌표는 깨어진다. 결국 토리노는 두 가지 경향의 바로크에서 중간적 위치에 놓여 있다고 할 수 있다.

사보이 왕가 – 세속 — 절대왕정 — 균질 — systemic — 공간적 — 파리 ⎤
　　　　　　　　　　　　　　　　　　　　　　　　　　　　토리노
성의 —— 신성 – 반종교개혁 – 특이 — dramatic — 조각적 — 로마 ⎦

로마, 나보나 광장 산 아그네제 성당 파사드, 바로 앞은 '4대 강의 분수'

로마 콘도티 거리에서 바라본 스페인 계단. 제일 안쪽의 교회는 트리니타 데이 몬티

잔 로렌초 베르니니, 발다키노, 성 베드로 대성당, 1624~1633년, 로마, 안쪽은 똑같은 베르니니 작품, 베드로 교좌Cathedra Petri, 1656~1666년

잔 로렌초 베르니니, 성녀 테레사의 법열, 코르나로 성당, 1647~1652년, 산타 마리아 델라 빅토리아, 로마

잔 로렌초 베르니니, 성 토마조 디 빌라노바, 돔, 1658~1661년, 카스텔간돌포

잔 로렌초 베르니니, 산 안드레아 알 퀴리날레,
돔, 1658∼1670년, 로마

프란체스코 보로미니, 산 카를로 알레 콰트로 폰타네, 돔, 1638~1641년, 로마

프란체스코 보로미니, 산 이보 델라 사피엔차, 돔, 1642~1650년, 로마

프란체스코 보로미니, 오라토리오, 필리피니 저택, 1637~1640년, 로마

프란체스코 보로미니, 산타 마리아 데이 세테 도로리, 1642~1646년 미완, 로마

카를로 라이날디·프란체스코 보로미니, 산 아그네제 인 나보나, 1652~1666년, 로마

프란체스코 보로미니, 시계탑, 필립피니 저택, 1644~1650년, 로마

프란체스코 보로미니, 산 안드레아 델레 프라테, 돔 상부 둘레, 1653~1665년, 로마
바로 앞: 종탑, 안쪽: 랜턴

구아리노 구아리니, 카펠라 산티시마 신도네, 1667~1690년, 토리노

구아리노 구아리니, 산 로렌초, 1668 ~ 1687년, 토리노, 왼쪽은 제단의 돔

필리포 유바라, 라 수페르가, 1617~1631년, 토리노 근교

필리포 유바라, 라 수페르가, 1617~1631년, 토리노 근교

필리포 유바라, 수렵관, 중앙부, 1729~1733년, 스튜피니지

필리포 유바라, 수렵관, 중앙 홀, 1729~1733년, 스튜피니지

베르나르도 비토네, 산 루이지 곤자가, 돔, c.1740년, 코르테란초

베르나르도 비토네, 산 베르나르디노, 돔, 1741~1744년, 키에리

베르나르도 비토네, 산타 키아라, 돔, 1742년, 브라

베르나르도 비토네, 산타 키아라, c.1745년, 토리노

베르나르도 비토네, 교구교회당, 1750년~, 그리그나스코

베르나르도 비토네, 산타 키아라, 파사드, 1750~1756년, 베르첼리

베르나르도 비토네, 산타 마리아 디 피아차, 1750~1760년, 로마, 신랑에서 바라본 챈슬*

＊ chancel. 성당의 제단 부근에 성직자와 성가대를 위해 마련된 공간이며 성단소라 불린다. 일본에서는 내진內陣으로 불린다.

베르나르도 비토네, 산타 마리아 디 피아차, 1750~1760년, 로마, 챈슬 상부

베르나르도 비토네, 산타 크로체(현재 산타 가타리나), 1755년, 빌라노바 디 몬도바

베르나르도 비토네, 산 미케레, 1758년, 리바롤로 카나베제

베르나르도 비토네, 교구교회당, 1770~1778년, 보르고 다레

Baroque
Architecture

2

로마 바로크
− 극적 공간 −

잔 로렌초 베르니니, 바르카차 Barcaza 분수, 1628~1629년, 스페인 광장, 로마

잔 로렌초 베르니니, 벌의 분수, 1644, 바르베리니 광장, 로마

잔 로렌초 베르니니, 4대 강의 분수, 1649~1651년, 나보나 광장, 로마

잔 로렌초 베르니니, 트리톤 분수, 1642~1651년, 바르베리니 광장, 로마

프란체스코 보로미니, 산 카를로 알레 콰트로 폰타네 정상부. 오른쪽: 종탑, 가운데: 돔의 랜턴

잔 로렌초 베르니니, 성녀 테레사의 법열, 코르나로 예배당, 1647~1652년, 산타 마리아 델라 비토리아, 로마

로마 바로크 _ 베르니니와 보로미니

16세기 후반의 엄격한 반종교개혁 운동도 진정되고, 자신을 되찾은 로마 교황청이 17세기에는 일찍이 없었던 절대적인 권력을 손에 넣게 되자 그 비호 아래 로마는 말 그대로 세계의 수도로서 현란한 바로크 미술을 꽃피웠다.

이 전성기 바로크는 거의 같은 연배의 천재 세 사람인 잔 로렌초 베르니니(1598~1680년, 조각·건축), 프란체스코 보로미니(Francesco Borromini, 1599~1667년, 건축), 피에트로 다 코르토나(Pietro da Cortona, 1596~1669년, 회화·건축)에 의해 형성되었다. 특히 베르니니와 보로미니는 작품으로나 인물로나 거의 대조적이며, 바로크의 극적이면서도 자유로운 조형의 양대 산맥을 이루고 있다고 할 수 있다.

사교적이면서 솔직한 베르니니의 건축은 고대 로마에 바탕을 둔 르네상스의 기하학적 구성에서 출발하여 조각적인 표현을 따랐고, 믿기 어려울 정도의 동적이면서도 종교적인 극적 특성을 만들어 낸다. 이에 비해 편협하고 비협조적이며 신경질적이었던 보로미니의 건축은 집요할 정도로 완벽한 계산을 거친 디테일을 추구함으로써, 그 공간은 상상력으로 넘쳐흐른다.

르네상스적 '만능인' 개념을 이어받아, 조각을 비롯하여 건축, 무대미술, 회화, 장식 등 폭넓은 여러 영역을 융합한 종합예술을 이루어냄으로써 바로크의 종교 감정을 누구나 감탄할 정도로까지 표현한 베르니니에 비해 보로미니는 보로미니스타일로 일컬어지는 독특한 형태를 만들어 내면서도 끝까지 건축이라는 틀 속에 머물면서 공간의 가능성을 극한까지 추구하였다.

베르니니 _ 연극적 종합예술로서의 바로크

시대정신을 멋지게 시각화한 인물을 들라고 하면, 많은 사람들은 르네상스·매너리즘 시대를 대표한 미켈란젤로를 들 것이다. 그러나 신과 같다고 일컬

잔 로렌초 베르니니, 아폴로와 다프네,
1622~1625년, 보르게세 미술관, 로마

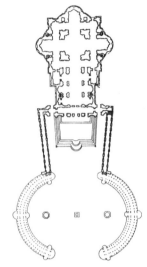

잔 로렌초 베르니니, 성 베드로 광장, 1656년~,
로마

어진 미켈란젤로 이상으로 시대(바로크)를, 그리고 더 나아가 장소(로마)를
구축한 사람이 베르니니였다.

그는 약 50년에 걸쳐 로마라는 그 시대의 중심에서 미술계를 지배하였다.
당시의 교황 우르바누스 8세Urbanus Ⅷ가 "당신은 로마를 위해 태어났고,
로마는 당신을 위해 존재한다."고 말했을 정도로 바로크 로마는 오직 한 사람
베르니니에 의해 시각화되고 연출되었다고 하여도 지나친 말이 아니다.

여기저기 산재한 광장들이 마치 무대미술과 같은 인상적인 모습을 드러
내고, 하나의 거대한 연극적 공간으로 변모하는 로마는 그곳에 모여든 사람
모두를 연기자, 관객으로 변모시킨다. 이 축제적, 극적인 연출이야말로 바로
베르니니 예술의 특성이고, 도시 로마는 이러한 작품들로 메워져 있다.

예를 들어 로마의 명물인 분수들 가운데 몇 개는 그가 설계하였다. 스페인
계단 앞의 '바르카차(조각배) 분수', 바르베리니 광장에 세워진 '벌의 분수',

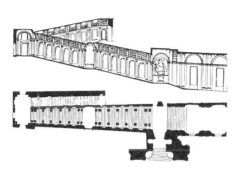

잔 로렌초 베르니니, 스칼라 레지아, 1663~1666년,
바티칸궁, 로마

잔 로렌초 베르니니, 산타 비비아나, 파사드,
1624~1626년, 로마

'토리톤 분수' 등은 이교적이며 신화적 상상력을 통해, 또 나보나 광장에 있는 '4대 강의 분수'는 세계 4대강을 우주론적으로 표현해 냄으로써 다이너믹하고 현장감이 넘치는 무대 미술적 장엄함을 통해, 광장의 축제적이면서도 무대 미술적인 분위기를 만들어 내고 있다.

성 베드로 성당의 발다키노

성 베드로 내성당의 교차 시점에 있는 발나키노Baldacchino는 성 베드로의 묘 위에 마련된 주제단을 덮고 있는 거대한 청동 천개*다. 일반적인 신전에서 발견되는 형태와 달리 다이너믹한 4개의 꼬인 기둥(옛 성 베드로의 주제단에 사용되고, 그 무렵 예루살렘의 솔로몬 신전에서 가져온 기둥으로 믿어졌다.)은

---

* Baldachin. 옥좌, 계단, 계단실 등의 상부를 덮는 닫집.

잔 로렌초 베르니니, 산 토마조 디 빌라노바,
파사드, 1658~1661년, 카스텔간돌포

잔 로렌초 베르니니, 산 토마조 디 빌라노바,
카스텔간돌포, 내부

엔타블러처*없이 곧게 서 있다. 높이가 29m나 되고, 가톨릭 세계의 중심을
극적으로 표현한다. 그리고 그것은 성 베드로 돔 밑의 거대한 공간과 관람하
는 사람과의 스케일 차이를 조정하여 양자 사이에 긴장을 준다.

코르나로 성당 Cornaro Chapel

어두운 허공에서 신비하게 감도는 두개의 흰 조상 성녀 데레사는 천상에서
비추는 황금빛을 받아 법열에 떨고, 천사는 다시 그녀에게 화살을 꽂으려 하
고 있다. 절정의 순간은 응결되고 신비적 환상은 최고조에 다다른다. 이야기
의 결정적인 순간을 조각으로 표현해내는 기법은 베르니니 조각을 돋보이게
하는 특징이다. 예를 들어, 초기 작품 〈아폴로와 다프네〉를 살펴보자. 사랑

---

* entablature. 고전 건축의 오더에서 기둥 위에 얹혀진 상층부로서, 아키트레이브, 프리즈, 코니스로 이루어진다.

의 화살을 맞은 아폴로가 사랑을 혐오하는 납 화살을 맞은 다프네를 뒤쫓고, 붙잡으려는 순간 다프네는 월계수로 변신한다. 그 순간이 스냅 샷처럼 응고되어 표현되어 있다. 관객은 조상 주변을 돎으로서 이산離散*적으로 연속 조합되는 사진을 보는 듯한 착각에 사로잡힌다. 각 순간은 고정되어 현실과 환상은 서로 교차한다.

다시 코르나로 성당으로 이야기를 되돌리자. 성녀 데레사와 천사로 인해 이상한 정적 속에 펼쳐지는 이 신비극은 사실상 연극에서처럼 좌우의 벽면 발코니석에 관객처럼 배치된 8명의 코르나로 집안 사람들의 시선을 받는다. 그리고 최종적으로 우리들은 이른바 바로크적인 '극 속의 극'을 목격하게 되는 것이다. 주제단의 타원형 평면, 돌출된 면 위의 엔타블러처, 성당 공간의 수직성 등 건축적 측면의 바로크식 구성도 마찬가지지만 조각상을 중심으로 성당 전체가 하나로 통합되어 뛰어난 연극적인 종합예술이 이루어진다. 바로 이 점에서 베르니니 건축이 끝없는 매력을 발산한다.

성 베드로 광장, 스칼라 레지아 Scala Regia

베르니니가 건축가로서 최초로 손을 댄 작품은 산타 비비아나Santa Viviana 의 파사드였다. 궁전(팔라초)풍이면서 2층 중앙에 소예배실aedicula를 배치하고, 중앙 부분의 수직성을 강조하는 등, 바로크적 특성을 신중하게 드러내고 있다. 본격적인 건축 활동은 이로부터 약 35년 뒤, 거의 같은 시기에 성 베드로 대성당을 정비하고 3채의 성당을 건설하면서부터다.

성 베드로 성당의 타원 광장은 높이 13m에 달하는 240개의 도리아식 원기둥과 44개의 각기둥들로 이루어진 열주랑에 둘러싸여 있다. 그 위에는 이

---

* 사전적으로 '헤어져 흩어짐'으로 해석 가능함.

오니아식의 간소한 엔타블러처가 매듭 없이 이어지고, 정상부에는 발루스트 레이드*위에 140 성인상이 줄지어 있다. 부지의 모양, 종교 의식과 같은 기능적 요구 사항, 그리고 성 베드로 성당과의 관계 등 여러 가지 복잡한 조건들을 한꺼번에 해결하기 위해 장축이 240m나 되고 가로 방향으로 긴 거대한 타원 광장이 계획되었다.

바로크 특유의 형태 즉, 타원은 사실 기하학적으로는 중심에서 벗어나는 두 개의 원과 비슷한데, 베르니니는 오히려 타원에서 이 원이 가지는 특징을 추구하였다. 팔라디오의 테아트로 올림피코와 유사하다는 점을 비트코버가 지적한 바처럼, 베르니니의 의도는 원형극장의 주역은 교황이고, 관객은 교황의 축복을 받기 위해 모여드는 거대한 신자들의 무리를 만들어내는 데 있었을 것이다.

성 베드로 성당의 보수 공사가 진행되면서 이 광장 외에 성당 북면과 바티칸 궁전 사이에 낀 좁고 고르지 못한 공간에 있는 교황용 계단까지 보수되기 이르렀다.

스칼라 레지아(왕의 계단)라 불리는 베르니니의 계단에서는 이 곤란한 조건을 역이용하여, 벽면과 기둥으로 인해 이중으로 억제된 원근법적 착각을 일으키는 교묘한 해결책이 사용되었다.

3개의 교회 _ 극장으로서의 집중식 교회

베르니니의 세 교회는 모두 소규모이면서도 집중형 평면이 가지는 세 가지 가능성을 추구하고 있다.

교황의 여름 궁전에 면하는 십자형 평면의 산 토마조 디 빌라노바 San

---

* balustrade. 발루스터baluster라고 부르는 짧은 기둥들로 이루어지며, 그 위에 난간을 얹는다. 주로 난간기둥으로 번역된다.

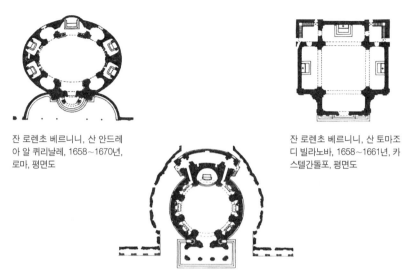

잔 로렌초 베르니니, 산 안드레
아 알 퀴리날레, 1658~1670년,
로마, 평면도

잔 로렌초 베르니니, 산 토마조
디 빌라노바, 1658~1661년, 카
스텔간돌포, 평면도

잔 로렌초 베르니니, 산타 마리아 델라슨치오네, 1662~1664년, 아리차, 계획평면도

Tomaso di Villanova에서는 고전적인 구성을 바탕으로 내부 공간의 수직성이
증가되어 돔이 강조된다. 여덟 개의 커다란 메다이온이 푸트foot 등으로 지
지되고 꽃 장식으로 하나가 된다. 표현은 억제되면서도 연극적 특성은 추구
되고 있는 느낌이다.

고대 로마의 판테온을 기초로 한 원형 평면의 산타 마리아 델라슨치오네
Santa Maria dell' Assunzione는 아치가 늘어서 저층 부분 위에 얹혀진 드럼 없
이 빈구형 돔을 직접 올려놓은 단순한 형태를 취하고 있다. 의기에서도 돔은
공간의 절정을 연출하고 있고, 화려한 푸트들과 천사들이 돔의 리브* 사이에
걸쳐진 꽃 장식을 들고 있다.

이 교회는 성모마리아의 승천에 봉헌되었다. 전하는 이야기에 따르면 그

---

* rib. 가늘게 몰딩된 조적조 아치로서 천장 표면에 돌출해 있는 구조적 틀. 고딕 건축에서 볼트 천장의 뼈대를
형성하며 등장했다.

잔 로렌초 베르니니, 산타 마리아 델라슨치오네, 1662~1664년, 아리차

잔 로렌초 베르니니, 산타 마리아 델라슨치오네, 1662~1664년, 아리차

날 환희하는 천사들이 꽃을 뿌리며 축하했다고 한다. 결국 이 교회 전체가 성모승천의 신비극을 연출하는 극장(테아트로) 공간으로 탈바꿈하고 있는 것이다.

산 안드레아 알 퀴리날레Sant'Andrea al Quirinale는 장타원형이라는 특이한 평면 유형을 보여 준다. 입구에 들어선 우리의 시선은 주제단 앞 소예배실 위에 조각된 순교자 성 안드레아 상으로 모아진다. 구름에 탄 그는 돔이 시작되는 곳마다 뻗어있는 푸트와 천사들의 환영을 받고, 천상의 빛을 향하여 극적으로 두 손을 벌려 지금이라도 곧 하늘에 올라갈 듯한 모습이다. 푸트 가운데에는 서둘러 이미 돔의 정상에서 랜턴* 내부로 뻗은 것까지 있다.

교묘한 건축적 장치를 통해 이 성 안드레아 상과 천상(랜턴) 사이의 연결은 극적으로 표현되어 있다. 우선 힘차게 굴곡치는 엔타블러처는 간결하게 매듭지어진 아래 부분의 지상계와 윗부분의 천상계를 구획함으로써 두 세계의 구분을 극적으로 돋보이게 한다. 그리고 돔 아래쪽에 수직적 영역(드럼)을 설치하여 공간의 수직성·극성劇性을 강조한 것이다. 그러나 돔과 드럼이 명확하게 구별되면 이 수직적 효과도 줄어들지만, 이 건물에서는 드럼에 뚫려진 개구부가 돔까지 연장됨으로써 돔과 드럼은 하나로 융합되어 있다. 랜턴에서 들어오는 한줄기 힘찬 빛 아래에서 돔 전체가 신비로운 승천극의 장이 되고, 넓고 장대한 광경이 나타난다.

푸트들과 천사들은 성당의 여기저기에 등장한다. 예를 들어 주제단의 작은 공간에서 제단화祭壇畵〈성 안드레아의 순교〉를 비추는 상부의 개구부는 빛이 넘쳐흐르는 천상으로의 승천을 따르는 수많은 푸트들과 천사들의 경이적인 광경을 볼 수 있다.

---

* lantern. 돔이나 큐폴라의 정상부에 올려진 창이 있는 작은 종탑.

잔 로렌초 베르니니, 산 안드레아 알 퀴리날레, 1658~1670년, 로마, 제단 쪽

잔 로렌초 베르니니, 산 안드레아 알 퀴리날레, 1658~1670년, 로마, 장축 쪽

잔 로렌초 베르니니, 산 안드레아 알 퀴리날레, 1658~1670년, 로마

잔 로렌초 베르니니, 산 안드레아 알 퀴리날레, 1658~1670년, 로마, 제단 상부

보로미니 _ 여기 勵起된 기하학*

이미 도시 공간에서 본 바와 같이, 바로크가 현대의 우리에게 자극을 주는 이유는 그 극적인 공간의 양상과 함께 전체성에 이르는 통합 시스템 때문일 것이다. 프란체스코 보로미니의 건축은 외견상의 특이함 때문에 주목되기 쉽다. 그 이유는 건물의 강한 전체성·통합성을 지지하는 기하학적 시스템이 혁명적이라고 할 수 있을 정도로 르네상스 이래의 전통에서 이탈하고 있기 때문이다. 인체 비례에 기초하여 여러 형태의 추상적 관계를 지향하는 르네상스 건축은 기본적으로는 요소의 정연한 위계성hierarchy, 즉 비례를 이루는 요소들이 모여 조화로운 전체를 만들어 낸다. 반면 보로미니는 고향 롬바르디아 지방의 고딕 석공의 전통적 기하학을 사용함으로써 부분으로는 분해할 수 없는 독특하고 강한 전체성을 지닌 기하학, 또는 그 시스템을 기획하였다. 이것은 르네상스처럼 사물의 질서가 아니라, 직접적으로 공간 그 자체를 대상으로 하는 시스템이었다. 공간은 팽창하고 난 후 다시 축소된다. 그는 이러한 다이너미즘을 보는 견해를 가르치고, 그것을 다루어 내는 방법을 철저하게 추구하였다고 할 수 있다. 보로미니의 새로운 공간 기하학은 곧이어 북부 피에몬테 바로크로, 그리고 더 나아가 독일 후기 바로크로 한층 더 발전되면서 계승된다.

파동벽** _ 산 카를로 알레 콰트로 폰타네 San Carlo alle Quattro Fontane

보로미니가 독립하여 처음 한 일은 작은 수도원 성당 건설이었다. 보로미니 자신의 스케치에 따르면, 이 산 카를로 성당은 정삼각형 두 개를 합친 마름모꼴로 되어 있다. 조화 비례에 따라서 원기둥의 지름을 기준으로 구축되는 르

---

* 보로미니의 '파동벽'을 형성하기 위해 다이너믹하게 중첩되는 기하학이라 이해하면 좋겠다.
** 파상벽undulated wall 이라고도 지칭된다.

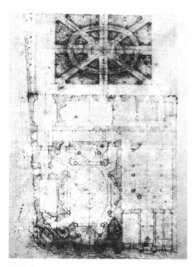

프란체스코 보로미니, 산 카를로 알레 콰트로 폰타네, 평면 스케치, 왼쪽 아래가 성당 부분

프란체스코 보로미니, 산 카를로 알레 콰트로 폰타네, 중정, c.1634년, 로마

네상스의 건축적 방식은 고딕 건축의 특징적인 형태인 삼각형으로 건축을 만들어 내는 방식과는 완전히 다른 것이었다. 단순한 기하학적 형태는 공간 단위로서 단번에 전체성으로 이르게 된다. 마름모꼴의 정점은 원형으로 또는 타원형으로 부풀어 오름으로써 바로크의 특징인 세차게 물결치는 파동벽면이 만들어진다. 그리고 이 면을 분할하는 요소로서 고딕적인 수직성을 지닌 16개의 가늘고 긴 원기둥이 작은 실내 공간에 세워져 있다. 이 기둥들은 네 개가 한 조가 되어 긴 축·짧은 축을 중심으로 보느냐, 대각선을 중심으로 보느냐에 따라서 벽면에 두 종류의 분절적 리듬을 만들어 낸다. 리듬은 겹쳐져 마치 분신술을 사용하는 닌자忍者처럼 끊임없이 위치를 바꾸며 움직이는 잔상으로 원기둥을 변화시킨다. 끊임없이 이어지는 엔타블러처의 강력한 연속감과 함께, 물결치면서도 매끄럽게 운동하는 기둥열의 이 벽에 에워싸여 공간은 다이너믹한 일체감을 얻는다. 이 약동하는 벽 위에 삼각형의 펜던티

프란체스코 보로미니, 산 카를로 알레 콰트로 폰타네, 파사드, 1665~1667년, 로마

프란체스코 보로미니, 산 카를로 알레 콰트로 폰타네, 1638~1641년, 로마

브* 영역이 나타난다. 펜던티브 아치 내부에서 투시법적 효과를 내는 우물천장은 찌그러진 4분의 1의 구체라기보다는 짧은 반원형 볼트를 연상시킴으로써 이 부분이 십자형 평면 형태로 의도되었음을 알게 해준다. 하지만 상부에는 타원평면 위에 올려져야 할 타원 돔이 이어진다. 마름모꼴에 바탕을 둔 물결치는 평면, 십자형, 그리고 타원형과 다른 평면 형태가 상하로 겹쳐짐으로써 성 카를로 성당은 고딕과는 또 다른 차원의 수직적인 상승감이 있는 힘찬 공간을 자아내고 있다.

상이한 형태의 병치

상이한 형태를 아래위로 병치하는 경향은 이후 외부의 매스를 표현하는데 대담하게 시도되었다. 산 이보 델라 사피엔차Sant´ Ivo della Sapienza의 돔에는 커다란 매스를 이루는 아래쪽의 육각형 돔, 버트레스처럼 생긴 요소에 의해 구획된 계단형 피라미드, 쌍원기둥double column을 동반한 랜턴, 그리고 나선형 지구라트가 서로 겹쳐져 있다. 이러한 각 형태들은 팽창 수축하는 공간의 역동성을 드러내고, 서로 대비적인 구조로 되어 있다. 부주(필라스터)와 버트레스로 조여져 있는 돔과 드럼의 팽창하는 내부의 힘은, 상부 랜턴이 빨려 들어가는 듯 수축하여 움푹 파인 공간의 힘과 대비된다. 더욱이 돔 전체는 매스적으로 하늘로 돌출됨으로써 중정의 보이드와 대비된다. 만년에 손을 댄 산 안드레아 델레 프라테Sant´ Andrea delle Fratte의 돔(보로미니는 외부에만 관여했다.)과 인접한 탑의 경우에는 더욱 대담해져 밑에서 45°로 튀어 나온 원기둥의 네 모퉁이를 지닌 정방형평면의 조적조 솔리드, 스터코로 만든 쌍원기둥을 가진 개방된 원형, 그리고 장중하게 사이 공간이 채워진 난간

---

* pendentive. 오목한 삼각형의 조적 벽체로서(반구의 돔에서 생기는 삼각형 단면) 네 개가 모여 정사각형 평면 위로 올린 돔을 지지한다.

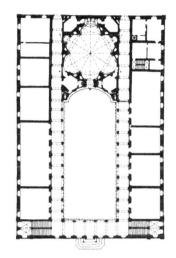

프란체스코 보로미니, 산 이보 델라 사피엔차,
1642~1650년, 로마, 평면도

프란체스코 보로미니, 산 이보 델라 사피엔차, 랜턴
외부, 1642~1650년, 로마

balustrade사이에 깊게 패인 두 쌍의 헤르메스상, 소용돌이, 그리고 관과 솔
리드, 보이드*는 엇갈리게 나타나 별로 멋지지 않은 대비를 보인다.

여기된 벽화

산 카를로 성당에서 시도된 파동벽면은 그 이후 외부 공간에서 그곳에 작용
하는 가로 공간의 팽창·수축 운동을 표현하는데 적용되며, 내부 공간의 경
우에는 거의 같은 시기에 지어진 다음 두 교회의 내부 기둥열의 벽에서 볼 수
있는 바와 같이, 다른 방향성 즉 면 그 자체에 흐르는 힘을 표현하는 데 주로
이용된다.

산이보의 평면은 정삼각형에서 출발하여 그 각 변에 반원형을 부가하고,

---

* void. 긴축 공간에서 그 싱부가 개방되어 비어 있는 공간을 총칭하는 용어이며, 이와 대비되어 물질로 차 있는
  부분은 솔리드 Solid 라 불린다.

프란체스코 보로미니, 산 이보 델라 사피엔차, 중정 쪽 파사드, 1642~1650년, 로마

프란체스코 보로미니, 산 이보 델라 사피엔차, 1642~1650년, 로마

프란체스코 보로미니, 산타 마리아 데이 세테 도로리, 1642~1646년 미완, 로마, 파사드

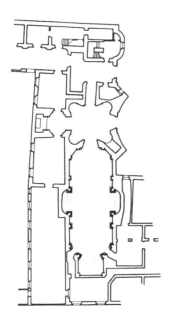

프란체스코 보로미니, 산타 마리아 데이 세테 도로리,
1642~1646년 미완, 로마, 평면도

각 정점에 동일한 반지름을 가지는 반원형을 반대로 안에서부터 돌출시킴으로써, 전체적으로는 육각형 모양(사피엔차, 지혜의 상징)으로 되어 있다. 원기둥 대신 사용된 필라스터는 마찬가지로 이중적 리듬을 나타내며 내부에 줄지어 서고, 그 상부에 수평의 힘찬 엔타블러처가 올려져 있음으로써 성 카를로 성당과 유사한 수평적 물결의 연속성을 보여 준다. 그러나 복잡한 평면 모양이 그대로 상부의 돔으로 유연하게 옮겨짐으로써 공간은 강한 상승감을 얻고, 전혀 다른 모습을 나타낸다. 평면의 모양은 그대로 상부 돔을 따라 굴곡짐으로써 복잡한 삼차원적 벽면이 만들어지고 그 면안에 가득히 힘을 축적한다. 마치 약한 전류가 흐르고 있는 것처럼 면은 여기하고, 안으로 또는 밖으로 빈틈없이 덮힌다. 돔은 상부의 원형 랜턴, 즉 한 곳으로 수렴하고, 약동하는 평면형인 성당 내부는 강하게 통합되는 느낌으로 마무리된다.

미완성으로 그친 산타 마리아 데이 세테 도로리Santa Maria dei Sette Dolori는 네 모퉁이가 45°로 잡아 늘린 장방형 평면을 지닌다. 성 카를로 성당에 비해, 이 평면의 단순함과 벽 자체의 평활함과 함께, 넓고 좁은 리듬으로 벽을 분절하는 원기둥column의 조소성은 두각을 나타내지 않는다. 이 공간을 지배하는 것은 네 개의 아치까지도 포함하여 이음새 없이 연결되는 압도적인 엔타블러처의 매끈한 연속운동이다. 이 운동을 통해 벽 전체에는 불가사의한 고요함이 감돌며 면 자체 내부의 운동이 강조되고 있다. 그리고 이 움직임의 상부에 그것을 부드럽게 감싸는 단순한 볼트가 있다.

전체를 뒤덮은 거대한 용기

필리피니 저택Casa dei Filippini의 오라토리오(예배당)*는 보로미니의 초기 작

---

* oratory. 교회나 주택에 있는 작은 개인용 채플.

프란체스코 보로미니, 오라토리오, 필리피니 저택, 1637~1640년, 로마

품이면서, 생애에 걸쳐 그가 고심한 주제가 처음으로 나타나 있는 건물이다. 이 주제는 사피엔차 성당에서 결정화된 것처럼 하나의 실체를 이루는 통합체가 아니라, 시스템으로 작용하는 통합성을 추구하는 일이었다. 단순한 사각형의 예배실 공간은 제단측(다른 재질 및 원기둥 사용을 위해)을 제외하고, 불완전하지만 하나의 시스템을 나타내고 있다. 우선 모퉁이가 45°로 되어, 기둥열로 된 벽이 연속해서 공간을 에워쌈으로써 하나의 닫힌 영역을 만들어낸다. 사방으로 줄지어 선 필라스터 사이의 벽은 개구부나 벽 천체 모두 평평하게 특성 없는 면으로 처리되고, 그 존재감은 거의 드러나지 않는다. 대신 필라스터의 골조성이 강하게 표현된다. 이들 필라스터는 상부의 엔타블러처를 넘어 오목한 천정의 리브로 연결된다. 그리고 리브는 개방된 클리어스토리를 넘어 대각선 방향으로 뻗어나가고 중앙의 커다란 타원형 천장을 지지한다. 후기 고딕 건축의 구조와 유사한 골조 시스템의 벽과 볼트가 수직적으로 통합되어 있지만 아직 실내

프란체스코 보로미니, 필리피니 저택,
1637~1640년, 로마, 파사드

전체를 압도할 만한 정도의 힘을 발산하고 있지는 못하다.

　이러한 구성은 산 조반니 인 라테라노San Giovanni in Laterano의 계획에서 더욱 발전된다. 이 작업은 초기 그리스도교 시대의 노후화된 대형 바실리카를 보수하는 계획이며 보로미니에게는 대형 교회를 설계해보는 기회였다. 기존에 있던 한 쌍의 원기둥은 하나의 벽기둥으로 바꾸어 구조를 보강하고, 그것을 한 쌍의 거대한 필라스터로 덮음으로써 신랑nave의 높은 공간을 리드미컬한 하나의 시스템으로 통일한다. 더 나아가 입구 쪽의 양 모퉁이에 45°의 벽면을 도입함으로써 가늘고 긴 신랑 전체를 하나의 연속적이며 단혀진 영역으로 만들고 있다. 한 쌍의 거대한 필라스터 사이는 개구부가 되고, 특히 상부의 창은 수평의 엔타블러처를 깨고, 긴 신랑 공간 때문에 생기는 수평성을 감소시켜 거대한 필라스터의 수직적 상승감을 부각시킨다. 사실 보로미니는 이 상부에 볼트를 올리려고 했었다. 이 계획을 그대로 포르토게시

프란체스코 보로미니, 산 조반니 인 라테라노 개수,
포르토게시에 의한 보로미니 계획의 복원

프란체스코 보로미니, 산 조반니 인 라테라노 보수,
1646~1649년, 로마

Portoghesi가 복원한 안에 따르면, 거대한 필라스터는 이 볼트의 리브에 접속하고, 리브는 대각선 방향으로 신랑전체를 대담하게 그리고 통합적으로 덮는 거대한 용기가 된다. 거대한 규모로 골조를 표현함으로써 신랑 전체가 수직적으로 통합되는 이 계획은 보로미니의 최고 걸작이 될 뻔 했지만, 유감스럽게도 실현되지 못하고 기존의 장중한 격자형 천장만 보수되는 데 그쳤다.

이 미완의 시스템은 만년으로 접어든 그가 콜레조 디 프로파간다 피데 Collegio de Propaganda Fide의 중앙에 만든 작은 레마지 예배당에서 실현되었다. 단순한 장방형의 네 모퉁이에서는 오라토리오의 비스듬한 한 개의 필라스터나 산 조반니의 매끄럽지 못한 평면의 모습은 찾아볼 수 없고, 유연하게 뭉쳐져 완전히 매끄럽게 에워싸며 연속적으로 닫혀진 영역이 만들어진다. 곳곳에서 벽의 대부분은 개구부로 되어 있고, 12개의 거대한 필라스터가 골조skeleton를 이루고 있다. 엔타블러처는 가까스로 코니스 부분에서만 수

프란체스코 보로미니, 콜레조 디 프로파간다 피데,
1646~1667년, 로마, 파사드 중앙입구

프란체스코 보로미니, 콜레조 디 프로파간다 피데,
1646~1667년, 로마

프란체스코 보로미니, 레마지 예배당, 1662~1664년, 콜레조 디 프로파간다 피데, 로마

평 방향을 유지하고 거대한 필라스터는 수직적으로 볼트의 리브로 자연스럽게 연속된다. 리브가 거대 필라스터들을 서로 대각선 방향으로 연결해줌으로써 볼트 전체를 통합된 하나의 거대한 용기로 전환시킨다.

성당 내부를 빈틈없이 뒤덮은 거대한 용기로 된 수직통합 시스템에 따라 만들어지는, 수평적으로나 수직적으로 유연하게 닫힌 하나의 독립된 이 공간은 인간을 감싸는 궁극적인 건축, 그야말로 시스템의 실현이었다.

3

피에몬테 바로크

− 중층으로 된 기하학 −

구아리노 구아리니, 산티시마 신도네, 돔, 1667~1690년, 토리노

구아리노 구아리니, 산티시마 신도네, 돔, 1667~1690년, 토리노

구아리노 구아리니 _ 무한 투상

오더를 기본으로 건축 형태의 질서를 정립하기 보다는, 인간과 직접적으로 관련이 있는 공간 그 자체를 추구한 보로미니 건축의 새로운 사고방식은 후세에 그리고 특히 피에몬테 지방의 바로크 건축에 커다란 영향을 주었다. 공간을 건축의 한 구성요소로 간주하는 그의 사고방식은 그보다 약 4반세기 뒤 늦게 태어난 구아리노 구아리니(Guarino Guarini, 1624~1683년)에게 이어진다. 그는 음각과 양각으로 서로 대비되는 각 공간 단위들을 체계적이면서도 다이너믹하게 조합하여 구성해냄으로써 보로미니의 방식을 더 발전시켰다. 그리고 레마지 예배당에서 결정화된 보로미니 건축의 골조성도 구아리니의 돔에 영향을 주어, 르네상스적 견고함은 사라지고 리브는 고딕적 세밀함을 얻어 투조처럼 완전한 투명성을 이루어낸다. 그러나 건물 전체를 거대한 용기처럼 뒤덮은 통합적 골조시스템에 따라 완결된 영역 안에서 균형감 있게 흐르는 무한 회전 운동은 이 투명한 돔을 관통하여 천상으로 무한하게 상승하는 보다 직선적인 운동으로 전환된다. 이 명쾌하고 다이너믹한 무한원無限遠 개념은 테아티노회의 수도사로서 신학, 철학, 수학을 배운 구아리니이였기 때문에 비로소 건축적 표현으로 가능했다. 근대적인 무한 개념은 거의 동시대의 프랑스 수학자 제라르 데자르그Gérard Desargues의『사영 기하학』(1639년)에서는 관념적이라기 보다 오히려 시각적으로 받아들여졌다. 구아리니는 이것을 연구한 유일한 이탈리아 건축가로 일컬어졌고, 그의 건축서『공공 건축(도시 건축)Architettura Civile』의 약 3분의 1은 이 새로운 기하학(주로 구면의 평면 투상)으로 채워져 있다.

카펠라 산티시마 신도네 Cappella Santissima Sindone

오늘날의 과학조차 해명하지 못하는 경이인 성의의 존재는 그 종교적 상상

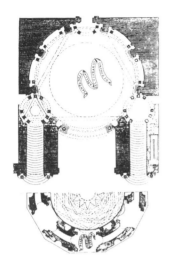

구아리노 구아리니, 산티시마 신도네,
1667~1690년, 토리노, 평면도

구아리노 구아리니, 산티시마 신도네,
1667~1690년, 토리노

력을 불러일으켰던 것일까? 거리가 정연하게 직교하는 토리노는 묘한 종교
적 분위기로 가득 차 있다. 사보이 왕가가 가장 자랑하는 소유물을 거두어들
이기 위해 1657년 아메데오 디 카스텔라온테Amedeo di Castellamontes가 시
작한 예배당 건설은 10년 뒤에 원기둥과 그 엔타블러처가 완성된 상태에서
구아리니에게 인계되었다. 규칙적인 정연한 리듬을 지녔던 그때까지의 디자
인은 그의 손을 거쳐 뜻밖의 결말로 전개되었다. 우선 3개의 작은 원형 입구
가 방향을 전환하여, 피봇 힌지처럼 내부의 주공간으로 돌출된다. 이 예배당
은 성당 동쪽 끝에 있고 동쪽에 위치한 사보이 왕가의 궁전과 인접해 있다.
세 개의 입구 중 두 개는 성당의 측랑(側廊, aisle)으로 내려가는 계단으로, 또
한 나머지 입구는 궁전으로 연결된다. 이 입구들 사이로 펜던티브 아치가 걸
쳐져 있으며, 통상적인 네 개가 아닌 세 개가 나타나며, 그것도 원형 평면에
서부터 상부 돔의 원형으로 전환되는 중간 영역으로 설정되어 있다. 더욱이

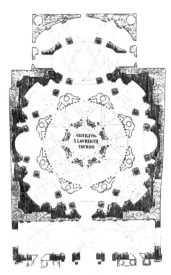

구아리노 구아리니, 산 로렌초, 1668~1687년,
토리노, 평면도

구아리노 구아리니, 산 로렌초, 1668~1687년,
토리노

어처구니없게도 구조상 중요한 펜던티브에 커다란 둥근 창이 뚫려 있다. 이 둥근 창은 이 영역에 규칙적으로 배열되어 일반적인 펜던티브의 솔리드 함과 보이드한 아치형 개구부 사이의 대비는 크게 손상된다. 그 위에 6개의 커다란 개구부가 뚫려 있는 높은 배면의 드럼을 매개로 하여 상부에 이 건물의 정점인 돔이 올려져 있다. 과연 이것을 돔이라고 할 수 있을까? 활 모양의 리브가 그 사이의 수많은 빛을 받아들이면서 서로 크기를 달리하며 무한이 계속되는 것처럼 쌓여 나간다.

위로 갈수록 줄어드는 매너리즘적인 투시법적 효과로 인해, 이 수직적 구성은 실제보다도 더욱 높게 보인다. 구아리니는 위로 빨려드는 것 같은 이 돔을 통해, 무한원(천상)을 다른 누구보다도 강렬하게 표상해냈다. 이 경이적인 투조*와 같은 돔은 성의의 신비성과 함께 울려 퍼져 토리노 거리 전체에 독특한 종교적 감동을 주고 있다.

구아리노 구아리니, 산 로렌초, 1668~1687년, 토리노, 내부, 왼쪽 안은 챈슬

산 로렌초

카스텔로 광장 동북단에 세워진 테아티노회의 산 로렌초San Lorenzo 교회도 산티시마 신도네와 마찬가지로 보로미니에게 영향을 받아 상이한 구조가 수직적으로 병치되고 있지만, 신도네의 예외적 특이함은 간데없고 합리적인 수학적 신비성으로도 형용할 수 있는 풍부한 공간이 나타나 있다. 내부 공간은 팔각형 평면으로 이루어지고, 그 각 변은 안으로 부풀어 개방적인 팔라디안 모티프(세 개의 베이로 이루어진 구성이며 그 중앙이 아치가 된다.)의 스크린이 된다. 평면의 팔각형은 내부 공간을 휘감아도는 엔타블러처 위의 펜던티브 영역에 이르러 짧은 익부를 지닌 그리스 십자형 평면으로 변환된다. 그러나 구조로서 중요한 펜던티브와 교차 아치의 하부는 개방적인 팔라디안 모티프

---

* 조각재의 면을 도려내어 도안을 나타내는 조각법.

구아리노 구아리니, 산 로렌초, 1668~1687년, 토리노, 올려다 본 돔

구아리노 구아리니, 산 로렌초, 1668~1687년, 토리노

구아리노 구아리니, 팔라초 카리그나노, 파사드, 1679~1692년, 토리노

구아리노 구아리니, 팔라초 카리그나노, 계단,
1679~1692년, 토리노

구아리노 구아리니, 팔라초 카리그나노, 중정쪽 파
사드, 1679~1692년, 토리노

구아리노 구아리니, 팔라초 카리그나노, 아트리움, 1679~1692년, 토리노

구아리노 구아리니, 콜레조 디 놀리 (현재, 아카데미
아 델라 센차), 1678년, 토리노

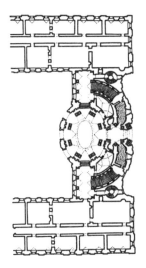

구아리노, 구아리니, 팔라초 카리그나노,
1679~1692년, 토리노, 평면도

이며, 이 점에서도 내부의 상부와 하부는 서로 다른 원리를 따르고 있다. 그리고 상부의 타원창을 지닌 갤러리에 의해 일단 상하부는 단절되고, 두개씩 짝을 이룬 돔의 리브가 시작된다. 리브는 비스듬히 올라가 중앙에서 팔각형의 개구부를 만든다. 이 위에 높고 밝은 랜턴이 올려진다. 동으로 짜여진 리브는 드럼 모양의 외피에 에워싸임으로써 그 이중으로 된 피막의 틈새로 신비로운 간접 광이 도입된다. 전통적 돔의 안쪽 표면에 나타나는 특징이었던 견고함은 철저하게 파괴되고, 리브 시스템으로 환원된 돔은 이 빛으로 충만한 공중에 매달려 있음으로써, 내부 공간은 독특한 상승감과 밝고 맑은 분위기로 넘쳐흐른다. 상이한 공간의 병치 현상은 상하 방향뿐 아니라 수평 방향으로도 나타나며, 긴 축 위에 똑같은 리브로 구성된 돔을 지닌 마조레 예배당 깊숙한 곳에 타원형 볼트로 된 제단과 팔라디안 모티프의 스크린을 매개로 하여 세 개의 독립된 공간 단위가 이어져 있다. 이 세 공간의 요철은 서로 연결되어, 물결치듯 역동적인 공간의 리듬을 드러낸다. 보로미니의 산타 마리아 데이 세테 도로리 입구와 외부 사이의 관계에서 처음 등장하는 듯했던 이 물결치는 듯한 역동성은 비토네와 독일 후기 바로크 건축으로 계승되었다.

필리포 유바라 _ 여기된 생체적 표현

토리노가 내려다보이는 언덕 상부에 서 있는 수페르가 바실리카Basilica di Superga의 집중식 평면, 쌍둥이탑의 파사드, 높은 드럼과 돔, 전면 포티코 등의 여러 문제에 대응해 보편적인 해답을 주고, 바로크의 국제양식이라고도 할 수 있을 만한 것을 달성한 유바라(Filipo Juvara, 1678~1736년)는 이후의 비토네에게 다음 두 가지 점에서 커다란 영향을 미쳤다. 첫째는 스투피니지의 레알레 궁Villa Reale의 중앙홀에서, 높은 피어와 개방적 갤러리를 통해 상승감 있게 골조를 표현하고, 중심 공간과 주변의 부속 공간을 통합해 내는 방

필리포 유바라, 성 안토니오, 파사드, 키에리, 오른쪽은 비토네의 성 베르나르디노

필리포 유바라, 성 안토니오, 네이브 상부, 키에리

필리포 유바라, 수페르가 바실리카,
1717~1731년, 토리노

필리포 유바라, 팔라초 마다마, 입구 대계단,
1716~1721년, 토리노

식과 채광 방법이며, 둘째는 마다마 광장과 안토니오의 볼트에서 발견되는 곡면이다. 그것은 보로미니의 '여기勵起된 면'을 계승하고 마치 인체의 복강처럼 뼈라기보다는 근육에 긴장된 힘을 가득 불어넣는다.

베르나르도 비토네 _ 무한 변용 공간

이미 이탈리아에서 프랑스로 그리고 독일로 건축의 중심이 이행되던 18세기에 이르러 한 사람의 독창적인 건축가가 토리노에 나타난다. 뒤늦게 등장한 이탈리아 바로크의 거장 베르나르도 비토네(Bernardo Antonio Vittone, 1702~1770년)는 구아리니가 남긴 논문을 편집·출판할 정도로 그의 건축적 사고를 수용함으로써, 피에몬테 건축의 전통을 대담하게 발전시킨다. 그의 집중식 또는 이 유형에서 유래한 평면을 추구함으로써 비트네는 일찍이 누구도 도달하지 못한 정도의 모든 역량을 발휘하여 구아리니에게서 배운 신 기하

베르나르도 비토네, 산튜아리오 델라 비지타치오네, 1738~1739년, 발리노토

베르나르도 비토네, 산튜아리오 델라 비지타치오네, 돔, 1738~1739년, 발리노토

베르나르도 비토네, 산 루이지 곤차가, 1740년, 코르테란초

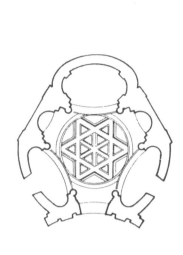

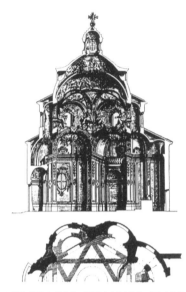

베르나르도 비토네, 산 루이지 곤차가, 1740년, 코르테란초, 평면도

베르나르도 비토네, 산튜아리오 델라 비지타치오네, 1738~1739년, 발리노토, 평면도

학적 지식을 발전시켜 여러 가지 복잡하고 경이적인 형태의 가능성을 발견하였다. 그러나 그의 건축물들 대부분은 규모도 작고 찾는 사람도 얼마 없는 피에몬테 지방의 작은 읍과 마을에 세워졌기 때문에, 이후에 전개된 역사의 다이너미즘으로부터 외면당하게 된다. 이 건물들은 나지막한 언덕 위에 또는 평원에 외롭게 서 있으면서 마치 운명을 건 것처럼 홀로 높은 수직적인 소우주를 형성해 내고 있다.

산튜아리오 델라 비지타치오네 santuario della Visitazione

비토네의 처녀작은 토리노의 유복한 은행가의 농장에서 일하는 농부들을 위한 작은 교회당이었다. 내부는 육각형 평면이며, 이후에 그의 건물에 나타나는 특징적인 양상들로 가득 채워져 있다. 여섯 개의 변은 원호를 그리는 채플이 되며, 상부에 엇갈리며 가짜 발코니가 있다. 여섯 개의 피어 위에 여섯 개

베르나르도 비토네, 산 루이지 곤차가, 1740년, 코로테란초

의 아치가 세워지고, 그 위에 구아리니적인 투명한 교차 리브가 올려지지만, 구아리니와 달리 리브 사이를 메우는 면이 없어 리브는 공중에 자립해 있고, 그 안쪽으로 천사의 위계가 스투코*로 된 세 가지 종류의 단위 공간(cell, 최후의 것은 랜턴의 작은 돔)을 통해 표현된다. 대비를 이루는 고립적인 단위를 상하로 병치한 구아리니와 달리, 하부의 기둥에서 상부 볼트의 리브까지 힘은 하나로 연결되어 강한 상승감을 얻는다. 게다가 펜던티브 영역에 있는 여섯 개의 아치 위에 일반적으로 놓이던 수평 엔타블러처가 없기 때문에 이 상승감은 더 강해진다. 이 여섯 개의 아치는 외피를 만드는 이른바 제일 첫째 드럼에 있는 창으로부터 들어오는 빛에 의해 안쪽(채플의 천창)과도 위쪽(둥근 창)과도 분리됨으로써 상부의 리브와 마찬가지로 공중에 가볍게 뜬다. 이르

---

* stucco. 벽면의 마감이나 장식을 위해 사용되는 정제된 회반죽으로서 석회, 석고, 모래 따위를 섞어 만든 건축 자재의 일종.

베르나르도 비토네, 산 베르나르디노, 돔, 1741~1744년, 키에리

베르나르도 비토네, 산 베르나르디노, 1741~1744년, 키에리

베르나르도 비토네, 산타 키아라, 1742년, 브라,
평면도

베르나르도 비토네, 산타 키아라, 1742년, 브라,
외관

베르나르도 비토네, 산타 키아라, c.1745년,
토리노, 평면도

베르나르도 비토네, 산타 키아라, c.1745년,
토리노, 파사드

베르나르도 비토네, 산타 키아라, c.1745년, 토리노

는 곳마다 그려진 천사의 위계 때문일까? 빛은 밝고 즐거운 듯 축제적이고, 몇 겹으로도 겹쳐지며 변모되는 단위 공간의 주변에 넘쳐흐르며 화려하기까지 한 무한 공간을 만들어 내고 있다.

산 루이지 곤차가 San Luis Gonzaga

작은 마을 언덕 위에 조성된 이 묘지 부속 교회는 외관상으로 그저 허술한 벽돌 건물인 것 같지만, 내부는 구아리니적 언어가 사용되어 독자적인 소우주를 만들어 내고 있다.

　세 곳의 타원형 부속 공간이 내부로 돌출함으로써 내부의 육각형 주 공간은 물결치듯 역동적 리듬을 보여 준다. 세 개의 아치 위에 얹혀진 상부의 원형 돔에서는 육각형 모양으로 구성된 리브를 통해 중앙에 랜턴의 육각형 개구부가 만들어진다. 이 개구부를 통해 밝은 빛이 내리쏟는다. 부속 공간의 천정에 개구부가 뚫려짐으로써 세 개의 아치는 공중에 홀로 떠 있는 것처럼 보인다. 전체 건물에는 빛으로 충만한 연속적 공간에 골조시스템을 떠 있게 만드는 비토네 건축의 특징적인 주제가 구체화되어 있다.

산 베르나르디노 San Bernardino

A. 베티노Antonio Bettino, B. 콰드로Bernardino Quadro가 만든 기존의 건물 하부 위에 볼트를 걸쳐 달라는 의뢰를 받은 비토네가 시도한 것은 (파사드는 후에 구아리니에 의해 만들어졌다.) 전통적인 돔 형태를 사용하면서도 빛으로 충만한 투명한 구조였다. 펜던티브 및 주변 앱스의 볼트에 개구부를 뚫고, 돔의 드럼 부분을 완전히 개방적으로 처리함으로써 뒤편의 이중적 외피 속에 축적된 빛이 공간 전체에 넘쳐흐른다.

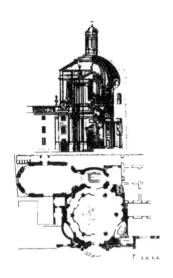

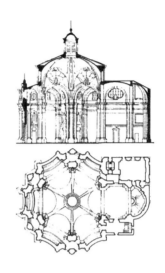

베르나르도 비토네, 산타 키아라, 1750~1756년,
베르첼리, 평면도

베르나르도 비토네, 교구교회당, 1750년~,
그리니아스코, 평면도

산타 키아라 Santa Chiara(브라)

이 교회는 네 면의 중간 교차점에서부터 사방으로 부풀은 평면 모양 그대로
수직적으로 세워져 있다. 원형 평면의 네 모퉁이에 있는 기둥(피어)은 높은
아치를 지닌 갤러리를 넘어 솟아오르고, 펜던티브 영역이 없는 상태로 돔의
네 아치로 이어진다. 네 곳의 작은 틈에 구멍이 뚫린 돔 자체는 르네상스적
견고함을 지닌 구조체에서 이미 멀어졌고, 공중에 매달린 얇은 피막에 지나
지 않음을 드러낸다. 이 피막의 열린 구멍으로 넘겨다보이는 것은 성인과 천
사가 사는 천상의 빛이 넘치는 세계다. 그곳은 돔의 외피이며, 이른바 이 제 2
의 단위 공간cell이 '빛의 상자'로 에워쌈으로써 돔과 갤러리는 환상적으로
부유하기 시작하여 교회 전체를 상당히 높은 중심형 홀로 표현해낸다. 구조
성을 지닌 구아리니적 볼트의 리브는 지양되고, 건축은 빛으로 충만한 공간
을 에워싸는 단편적인 피막이 되어, 무한히 겹치며 변모되기 시작한다.

산타 키아라(토리노)

브라 교회의 피막성은 이 건물에서 다시금 철저하게 고찰되어 공간 전체가 한 장의 연속적 피막으로 될 수 있었던 것 같다. 개방적인 하부의 피어 위로 변형된 팔각형 평면 모양을 그대로 따라 돔이 얹혀진다. 리브는 이곳에서 골조라기보다는 생체의 힘줄과 같으며, 면은 표면장력에 의해 부푼다. 매끄러운 윤곽을 지닌 커다란 창이 뚫림으로써 피막의 표면장력은 더욱 강화되고 힘찬 일체성을 이 작은 공간에 새롭게 부여한다.

산타 마리아 디 피아차 Santa Maria di Piazza

매끄럽게 모퉁이가 마무리된 닫힌 장방형 평면의 신랑은 세 개의 베이로 이루진다. 중앙은 높은 문어다리 모양의 변형 리브 8개가 펼쳐진 특이한 타원돔이 얹혀지는 장방형 평면이며, 앱스 모양으로 된 반타원형의 베이에 의해 장축 방향의 양 끝이 닫혀진다. 그리고 비토네의 놀라운 독창성이 발휘되는 장방형 평면의 앱스가 어어진다. 네 모퉁이의 45°로 된 기둥 상부에 펜던티브의 아치가 얹혀지며, 이곳에 뜻밖에도 깊이 도려낸 자국이 있다. 이 위에 신랑과 동일하게 여덟 개의 다리가 달린 팔각형 돔이 올라간다. 이 다리 부분을 늘어뜨려 드럼 부분의 개구부가 커짐으로써 그 뒤쪽에 사각형 모양의 '빛의 상자'가 있음을 인지할 수 있게 된다. 이 풍부하고 생기 넘치는 빛 속에서 돔은 공중에 매달리고 펜던티브는 노베르그 슐츠Norberg-Schulz의 표현을 빌리자면, 빛에 침식된다. 똑같은 펜던티브는 산타 크로체에서도 되풀이되는데 기하학적 정합성이 강조되고, 더욱이 그곳에 창이 남으로써 펜던티브와 드럼의 융합이 시도되고 있다.

베르나르도 비토네, 교구교회당, 1750년~, 그리니아스코

베르나르도 비토네, 교구교회당, 돔, 1750년~, 그리니아스코

베르나르도 비토네, 산타 마리아 디 피아차, 1750~1760년, 토리노

베르나르도 비토네, 산타 마리아 디 피아차,
1750~1760년, 토리노, 파사드

베르나르도 비토네, 산타 마리아 디 피아차,
1750~1760년, 토리노, 평면도 및 단면도

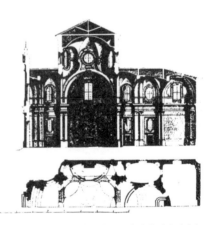

베르나르도 비토네, 산 미케레, 1758년~,
리바롤로 카나베제, 평면도

베르나르도 비토네, 산타 크로체 (현재, 산타 카타리
나), 1755년, 빌나노바 디 몬도비, 평면도

베르나르도 비토네, 산타 크로체 (현재 산타 카타리나), 파사드, 1755년, 빌라노바 디 몬도비

베르나르도 비토네, 산타 크로체, 돔, 1755년, 빌라노바 디 몬도비

베르나르도 비토네, 산 미케레, 파사드, 1758년~, 리바롤로 카나베제

베르나르도 비토네, 산 미케레, 돔, 1758년~, 리바롤로 카나베제

베르나르도 비토네, 교구교회당, 파사드, 1770~1778년, 보르고 다레

베르나르도 비토네, 교구교회당, 돔, 1770~1778년, 보르고 다레

후기

피에몬테의 후기 바로크는 비토네의 작품 외에 원통 볼트가 반원형으로 일렁거리는 산 조반니 바티스타와 특이하게 물결치는 평면을 지닌 화려한 산타 마루타 등 흥미로운 몇몇 작품을 탄생시켰다. 이 피에몬테 바로크는 내게는 추억이 깊은 건축이었다. 1974년 여름, 첫 유럽여행에서 가장 감동 받은 건물을 나는 토리노에서 마주쳤다. 구아리니의 산 로렌초였다. 그 맑디맑은 빛으로 가득찬 공간은 놀라움 그 자체였다. 그로부터 14년 후인 작년에 다시한번 토리노를 찾은 나는 자동차로 피에몬테 지방을 여행하였다. 찾는 이도 없는 산자락의 작은 마을 코르테란초 묘지에 세워진 허술한 작은 성당 성 루이지 곤차가의 문짝을 열고 안으로 들어섰을 때 나는 나도 모르게 숨을 삼켰다. 이런 조건에서, 비토네는 얼마나 감동적인 공간을 만들어 냈던 것일까? 건축가로서 마음이 정화되는 느낌이 들었다.

나에게 특히 바로크는 과거의 유물이 아니다. 그것은 건축을, 그리고 공간을 다루는 재미를 구체적으로 제시해 주는 살아 있는 교재다. 그러므로 이 책에서는 창작자의 입장에서 되도록이면 사진·도판을 많이 사용하고, 이탈리아 바로크를 직접 느낄 수 있도록 하는 데 주안점을 두었다. 고딕 건축과의 흥미로운 관련성 등이 다루어지지 않아 미흡한 점 투성이의 글이 되었기에, 독자의 현명한 비판 및 지적을 바라마지 않는다. 바로 이러한 이 책의 결핍 부분이 독자의 관심과 호기심을 불러일으켰다면, 나태한 저자에겐 다시없는 행복으로 여겨질 것이다.

베네디토 알리에리, 산 조반니 바티스타, 1757~1764년, 카리그나노

콘스탄차 미케라, 산타 마르타, 1740~1760년,
아그리에, 파사드

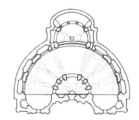

베네디토 알리에리, 산 조반니 바티스타,
1757~1764년, 카리그나노, 평면도

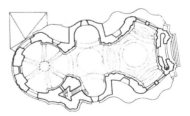

콘스탄차 미케라, 산타 마르타, 1740~1760년,
이그리에, 평면도

콘스탄차 미케라, 산타 마르타, 1740~1760년, 아그리에, 네이브 상부

참고문헌

1. Rudolf Wittkower, *Art and Architecture in Italy 1600 to 1750*, Penguin Book, 1958, 1973. — 15쪽 왼쪽·오른쪽, 17쪽 왼쪽 위·오른쪽, 32쪽 왼쪽 위·오른쪽 위·아래, 42쪽 오른쪽, 48쪽 왼쪽·오른쪽, 97쪽 위 오른쪽, 102쪽 위 오른쪽

2. Christian Norberg-Schulz, *Baroque Architecture*, Electa/Rizzoli, 1986 (이탈리아어판 1971). — 29쪽 왼쪽, 40쪽 오른쪽, 44쪽 왼쪽, 84쪽 오른쪽, 85쪽 오른쪽, 89쪽 아래 오른쪽, 107쪽 오른쪽 위·오른쪽 아래

3. Christian Norberg-Schulz, *Late Baroque and Rococo Architecture*, Electa/Rozzoli, 1985. — 92아래, 이탈리아어판 Christian Norberg-Schulz, *Architettura Tardobarocca*, Electa Editrice, 1971. — 29쪽 왼쪽, 94쪽 왼쪽·오른쪽, 97쪽 아래 오른쪽, 99쪽 왼쪽·오른쪽, 102쪽 아래 왼쪽·아래 오른쪽, 107쪽 오른쪽 위·오른쪽 아래

4. Rudolf Wittkower, *Studies in the Italian Baroque*, Westview Press, 1975.

5. Rudolf Wittkower, *Gothic vs. Classic: Architectural Projects in Seventeenth Century Italy*, George Braziller, 1974.

6. Howard Hibbard, *Bernini*, Penguin Books, 1965.

7. 石鍋眞澄, 『ベルニーニ — バロック美術の巨星』, 吉川弘文館, 1985. — 30쪽 오른쪽

8. Timothy K. Kitao, *Circle and Oval in the Square or Saint Peter's : Bernini's Art of Planning*, New York University Press, 1974.

9. Paolo Portoghesi, *Borromini*, Thames and Hudson, 1968. — 46쪽 왼쪽

10. 磯崎新·篠山紀信·横山正, 『バロックの眞珠 ― サン·カルロ·アッレ·クアトロ·フォンターネ聖堂』, 六耀社, 1983.

11. Anthony Blunt, *Borromini*, Harvard University Press, 1979.

12. H. A. Meek, *Guarino Guarini and His Architecture*, Yale University Press, 1988.

13. John Wilton-Ely, *The Mind and Art of Giovanni Battista Piranesi*, Thames and Hudson, 1978. — 14쪽

14. Henry A. Millon, Alfred Frazer, *Key Monuments of History of Architecture*, Harry N. Abrams. — 13쪽

◎ 사진 : 타지로 히로시(田代洋志) — 26쪽 위, 34쪽, 35쪽, 42쪽 왼쪽, 43쪽, 51쪽, 54쪽, 55쪽, 56쪽, 57쪽, 58쪽

◎ 위에 쪽수가 표시된 사진들 이외의 것들은 저자가 찍었다.

지은이 유자와 마사노부 湯澤正信

1949년 가나가와 神奈川 현 후지사와 藤澤 시 출생
1972년 도쿄 대학 건축학과 졸업
1975년 도쿄 대학 대학원 석사과정 수료
1975~79년 다카마츠신 磯崎新 아틀리에
1982년 간토가쿠잉 關東學院 대학 조교수
1983~84년 컬럼비아 대학 객원연구원
주요 작품으로 나미아이 浪合학교(일본건축학회상 작품상, 도
쿄건축상 최우수상), 정신박약자 갱생시설 미다이 기숙사, 시
모모토 下元주택, 마키노 牧野주택 등이 있으며, 지은 책으로
『건축조형론』(공저)이 있다.

옮긴이 류상보

서울시립대학교 건축공학과 졸업, 동 대학원 건축학석사
일본 요코하마 국립대학 건축공학과 유학
현재 (주)에이텍 종합건축사사무소 근무 중

감수 우영선

서울시립대학교 건축공학과 졸업, 동 대학원 박사과정 수료
서울산업대, 삼척산업대 강사
옮긴 책으로『파울로 솔레리와 미래 도시』가 있다.

세계 건축산책 5

바로크 건축 _ 무한을 향한 건축적 드라마

지은이 ｜ 유자와 마사노부
옮긴이 ｜ 류상보
펴낸이 ｜ 최미화
펴낸곳 ｜ 도서출판 르네상스

초판 1쇄 인쇄 ｜ 2005년 7월 29일
초판 1쇄 펴냄 ｜ 2005년 8월 5일

주소 ｜ 121-801 서울시 마포구 공덕1동 105-225
전화 ｜ 02-3273-5943(편집), 02-3273-5945(영업)
팩스 ｜ 02-3273-5919
메일 ｜ re411@hanmail.net
등록 ｜ 2002년 4월 11일, 제13-760

ISBN 89-90828-22-8 04610
　　　89-90828-17-1 (세트)